Made in the USA
Las Vegas, NV
13 December 2021

37530247R00085